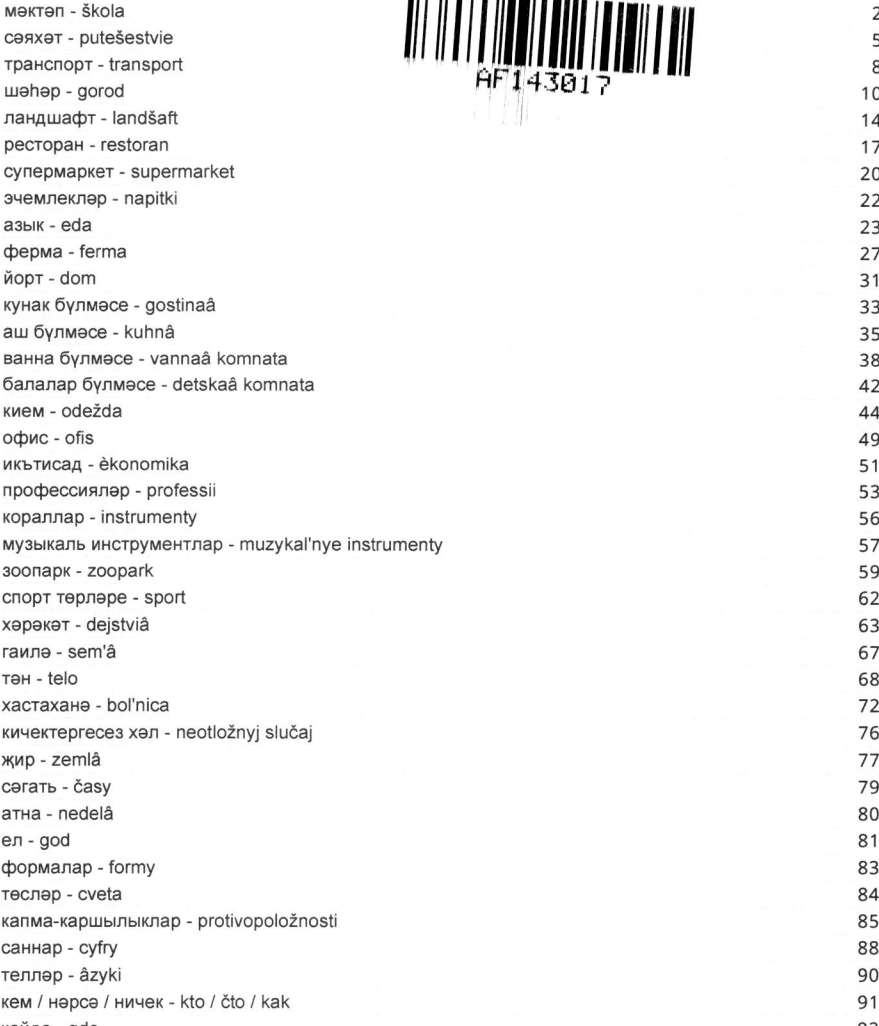

AF143017

Impressum
Verlag: BABADADA GmbH, Nedderfeld 112 , 22529 Hamburg
Geschäftsführer / Verlagsleitung: Harald Hof
Druck: Books on Demand GmbH, In de Tarpen 42, 22848 Norderstedt

Imprint
Publisher: BABADADA GmbH, Nedderfeld 112 , 22529 Hamburg, Germany
Managing Director / Publishing direction: Harald Hof
Print: Books on Demand GmbH, In de Tarpen 42, 22848 Norderstedt, Germany

мәктәп

škola

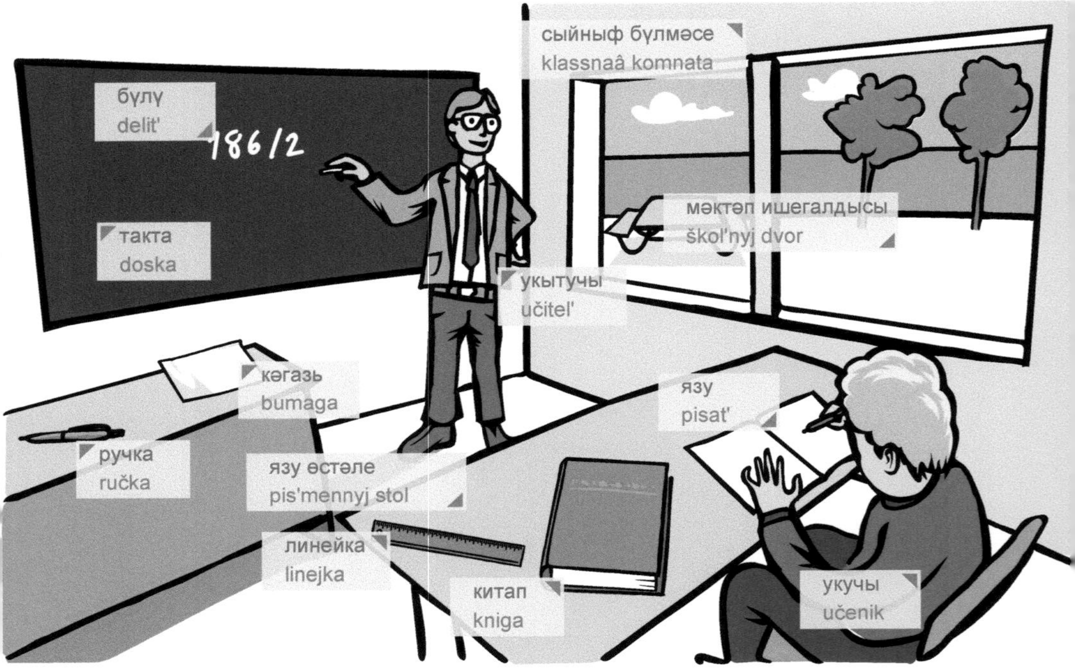

сыйныф бүлмәсе
klassnaâ komnata
бүлү
delit'
186/2
такта
doska
мәктәп ишегалдысы
škol'nyj dvor
укытучы
učitel'
кәгазь
bumaga
язу
pisat'
ручка
ručka
язу өстәле
pis'mennyj stol
линейка
linejka
китап
kniga
укучы
učenik

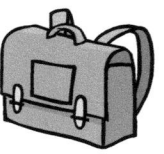

букча

ranec

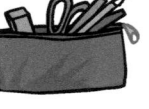

пенал

penal

каләм

karandaš

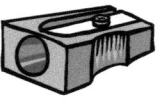

каләм очлагыч

točilka

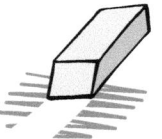

бетергеч

lastik

рәсем ясау өчен альбом

al'bom dlâ risovaniâ

рәсем

risunok

кисточка

kistočka

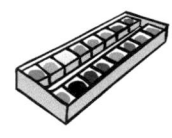

буяулар тартмасы

korobka krasok

кайчы

nožnicy

җилем

klej

дәфтәр

tetrad'

өйгә эш

domašnââ rabota

сан

cyfra

кушу

pribavlât'

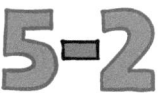

алу

vyčitat'

тапкырлау

umnožat'

исәпләү

sčitat'

хәреф

bukva

алфавит

alfavit

сүз

slovo

текст

tekst

уку

čitať

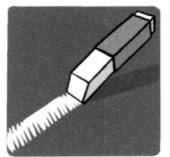

акбур

mel

дәрес

urok

сыйныф журналы

klassnyj žurnal

имтихан

èkzamen

диплом

diplom

мәктәп формасы

škoľnaâ forma

мәгариф

obrazovanie

энциклопедия

èncyklopediâ

университет

universitet

микроскоп

mikroskop

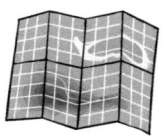

карта

karta

кәгазь өчен кәрҗин

korzina dlâ bumag

сәяхәт

putešestvie

кунакханә
gostinica
Grand
турбаза
turbaza
ROOMS
валюта алмаштыру пункты
punkt obmena valûty
CHANGE
чемодан
čemodan
автомобиль
avtomobil'

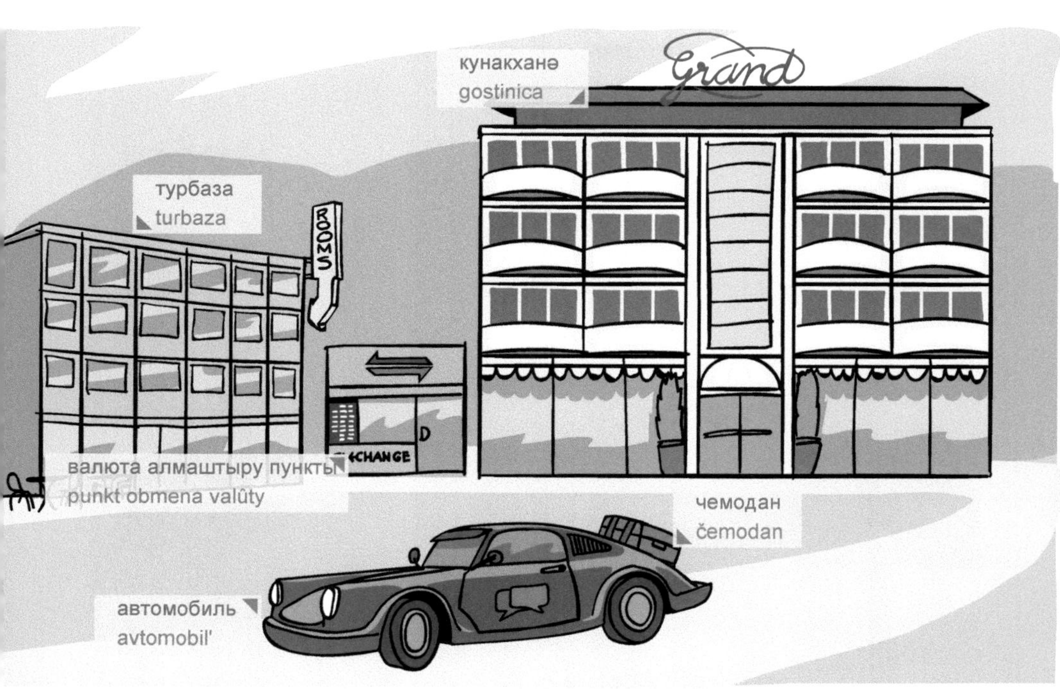

тел

âzyk

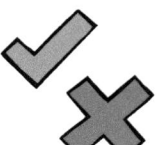

әйе / юк

da / net

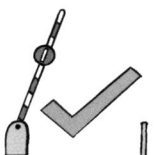

яхшы

horošo

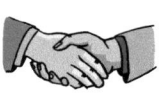

сәлам

Privet

тәрҗемәче

perevodčik

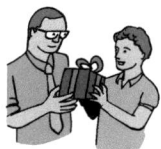

Рәхмәт

Spasibo

Күпме тора...?

Skol'ko stoit…?

Мин аңламыйм

Â ne ponimaû

проблема

problema

Хәерле кич!

Dobryj večer!

Хәерле иртә!

Dobroe utro!

Тыныч йокы!

Dobroj noči!

хушыгыз

Do svidaniâ

юнәлеш

napravlenie

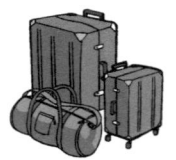

багаж

bagaž

букча

sumka

рюкзак

rûkzak

кунак

gost'

бүлмә

komnata

йоклар өчен капчык

spal'nyj mešok

палатка

palatka

сәяхәт - putešestvie

туристик мәгълүмат

turističeskaâ informacyâ

пляж

plâž

кредит картасы

kreditnaâ kartočka

иртәнге аш

zavtrak

төш

obed

кичке аш

užyn

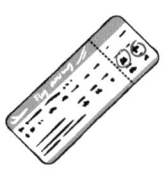

билет

bilet

лифт

lift

почта маркасы

počtovaâ marka

чик

granica

таможня

tamožnâ

илчелек

posol'stvo

виза

viza

паспорт

pasport

транспорт
transport

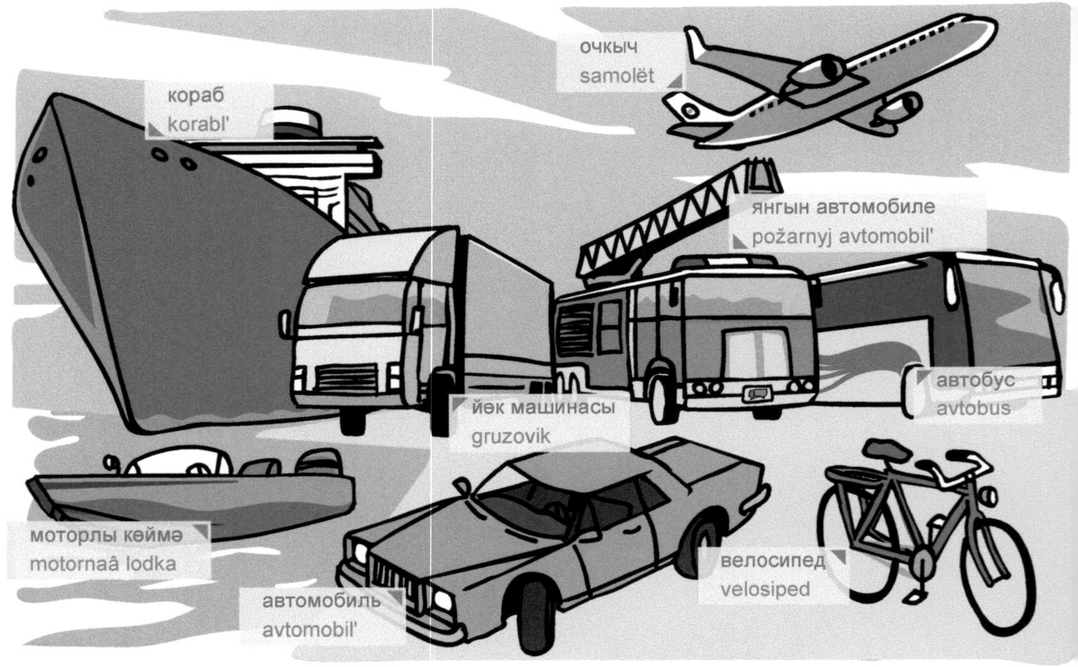
очкыч
samolёt
кораб
korabl'
янгын автомобиле
požarnyj avtomobil'
автобус
avtobus
йөк машинасы
gruzovik
моторлы көймә
motornaâ lodka
велосипед
velosiped
автомобиль
avtomobil'

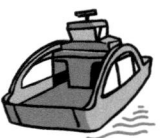

паром

parom

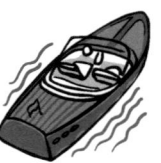

көймә

lodka

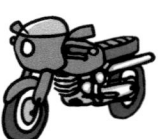

мотоцикл

motocykl

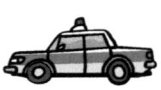

полиция автомобиле

policejskij avtomobil'

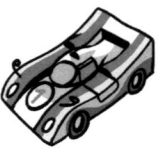

узыш автомобиле

gonočnyj avtomobil'

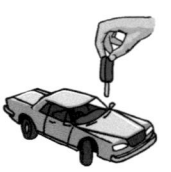

вакытлыча алып торган автомобиль

arendovannyj avtomobil'

Автомобильләр белән уртак файдалану

sovmestnoe pol'zovanie avtomobilâmi

буксирлау автомобиле

buksirovočnyj avtomobil'

чүп ташучы

musorovoz

двигатель

dvigatel'

ягулык

toplivo

заправка

zapravka

юл билгесе

dorožnyj znak

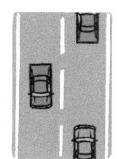

хәрәкәт

dviženie

бөке

probka

автомобиль тукталышы

avtostoânka

вокзал

vokzal

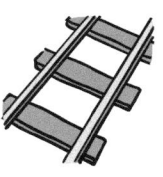

рельслар

rel'sy

поезд

poezd

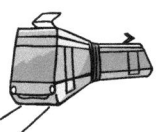

трамвай

tramvaj

вагон

vagon

вертолет

vertolët

аэропорт

aèroport

каланча

vyška

юлчы

passažyr

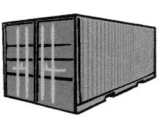

контейнер

kontejner

тартма

korobka

арба

teležka

кәрзинкә

korzina

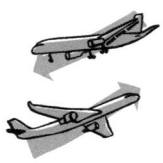

очу / җиргә төшү

vzletat' / prizemlât'sâ

шәһәр

gorod

авыл

derevnâ

шәһәр үзәге

centr goroda

йорт

dom

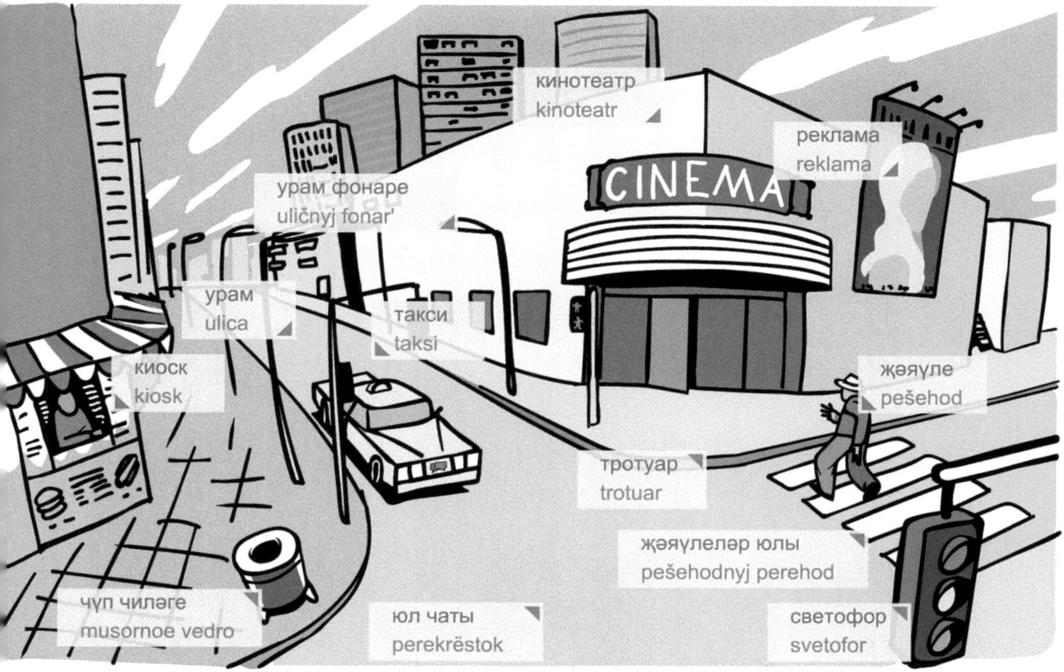

кинотеатр
kinoteatr

реклама
reklama

урам фонаре
uličnyj fonar'

урам
ulica

такси
taksi

киоск
kiosk

җәяүле
pešehod

тротуар
trotuar

җәяүлеләр юлы
pešehodnyj perehod

чүп чиләге
musornoe vedro

юл чаты
perekrëstok

светофор
svetofor

алачык

hižyna

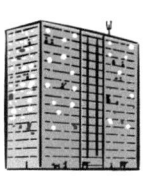

фатир

kvartira

вокзал

vokzal

ратуша

ratuša

музей

muzej

мәктәп

škola

университет

universitet

банк

bank

хастаханә

bol'nica

кунакханә

gostinica

даруханә

apteka

офис

ofis

китап кибете

knižnyj magazin

кибет

magazin

чәчәк кибете

cvetočnyj magazin

супермаркет

supermarket

базар

rynok

универмаг

univermag

балык кибете

torgovec ryboj

сәүдә үзәге

torgovyj centr

порт

port

парк

park

эскәмия

skamejka

күпер

most

баскыч

lestnica

метро

metro

тоннель

tonnel'

автобус тукталышы

avtobusnaâ ostanovka

бар

bar

ресторан

restoran

почта тартмасы

počtovyj âšik

урам исеме язылган такта

tablička s nazvaniem ulicy

паркометр

parkometr

зоопарк

zoopark

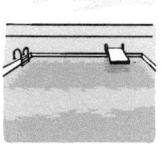

бассейн

bassejn

мәчет

mečet'

ферма

ferma

әйләнә-тирә мохитне пычрату

zagrâznenie okružaûŝej sredy

зират

kladbiŝe

чиркәү

cerkov'

балалар мәйданчыгы

detskaâ ploŝadka

гыйбадәтханә

hram

ландшафт
landšaft

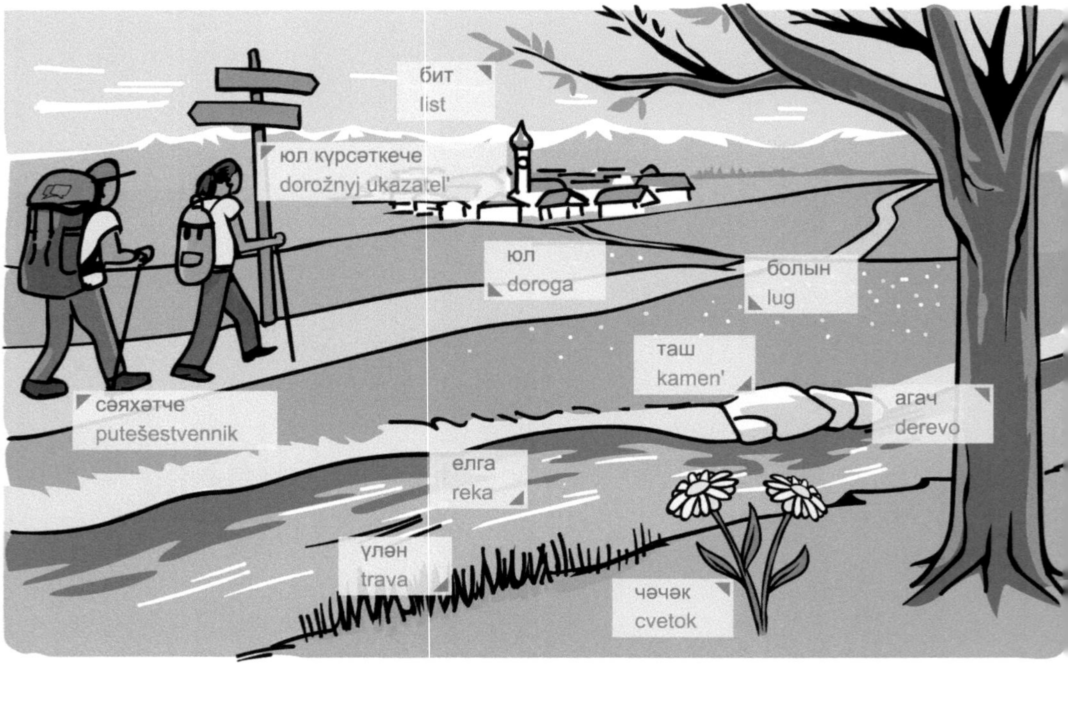

бит
list

юл күрсәткече
dorožnyj ukazatel'

юл
doroga

болын
lug

таш
kamen'

сәяхәтче
putešestvennik

агач
derevo

елга
reka

үлән
trava

чәчәк
cvetok

үзән

dolina

тау

gora

күл

ozero

урман

les

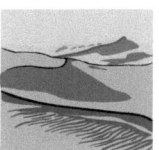

чүл

pustynâ

вулкан

vulkan

йозак

zamok

салават күпере

raduga

гөмбә

grib

пальма

pal'ma

черки

komar

чебен

muha

кырмыска

muravej

корт

pčela

үрмәкүч

pauk

коңгыз

žuk

бака

lâguška

тиен

belka

керпе

ež

куян

zaâc

ябалак

sova

кош

ptica

аккош

lebed'

кабан дуңгызы

kaban

болан

olen'

поши

los'

буа

plotina

җил генераторы

vetrânoj generator

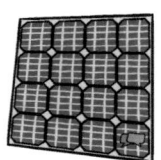

кояш батареясы

solnečnaâ batareâ

климат

klimat

ресторан
restoran

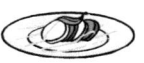

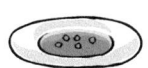

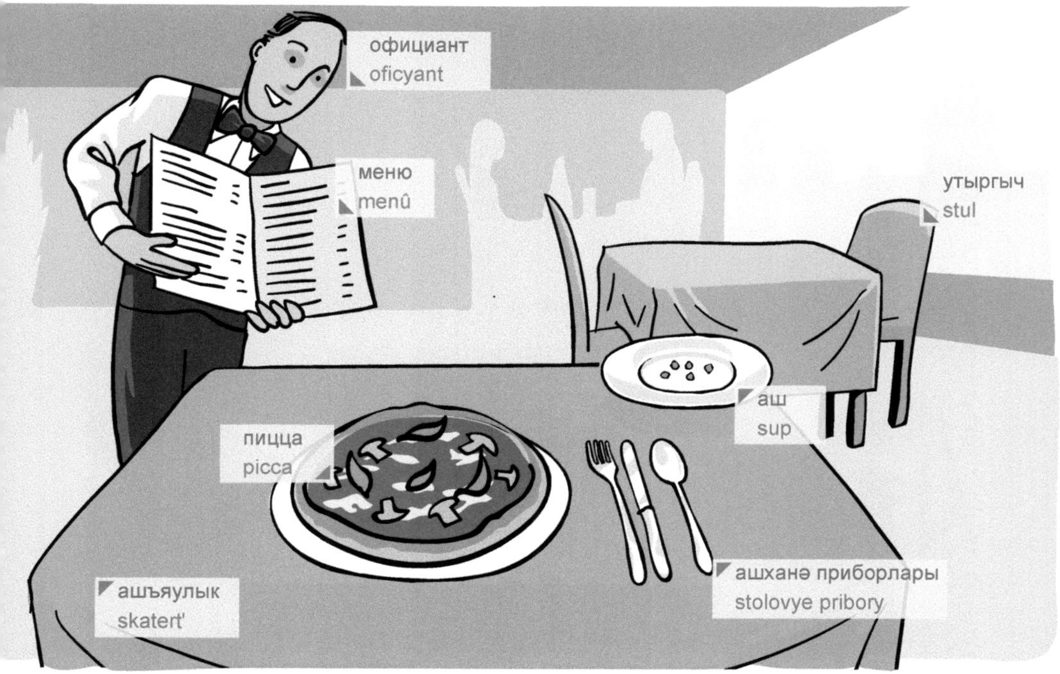

официант
oficyant
меню
menû
утыргыч
stul
аш
sup
пицца
picca
ашъяулык
skatert'
ашханә приборлары
stolovye pribory

кабымлык

zakuska

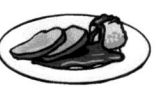

төп ашамлык

glavnoe blûdo

десерт

desert

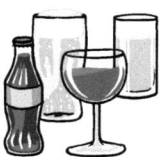

эчемлекләр

napitki

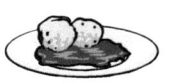

азык

eda

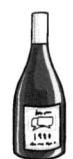

шешә

butylka

фастфуд

fastfud

урам ризыгы

uličnaâ eda

чәйнек

čajnik

шикәр савыты

saharnica

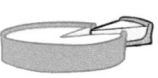

күләм

porcyâ

кофе кайнаткыч

kofevarka

балалар урындыгы

detskij stuľčik

исәпләү

sčet

поднос

podnos

пычак

nož

чәнечке

vilka

кашык

ložka

чәй кашыгы

čajnaâ ložka

салфетка

salfetka

стакан

stakan

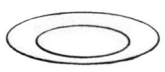

тәлинкә

tarelka

аш тәлинкәсе

supovaâ tarelka

чәй тәлинкәсе

blûdce

соус

sous

тоз савыты

solonka

борыч ваклагыч

mel'nica dlâ perca

серкә

uksus

сыек май

maslo

тәмләткеч

specyi

кетчуп

ketčup

горчица

gorčica

майонез

majonez

супермаркет
supermarket

махсус тәкъдим
specyal'noe predloženie
FOR
сатып алучы
pokupatel'
сөт продуктлары
moločnye produkty
җимешләр
frukty
кибеттәге арба
teležka dlâ pokupok

BUTCHERS

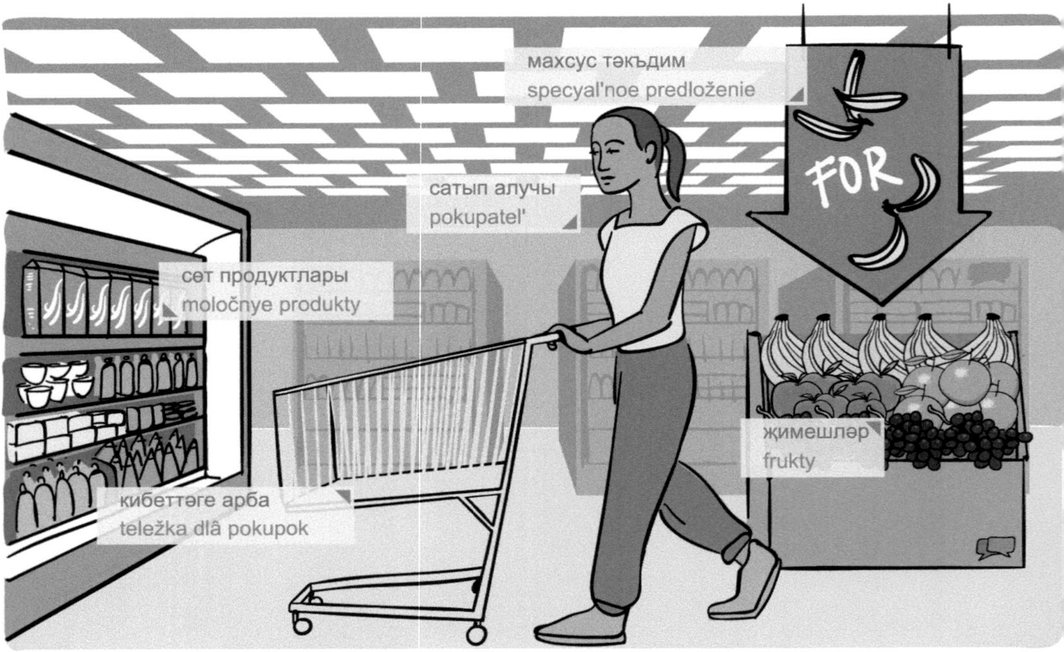

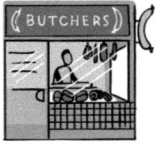

ит кибете

mâsnoj magazin

BAKERY

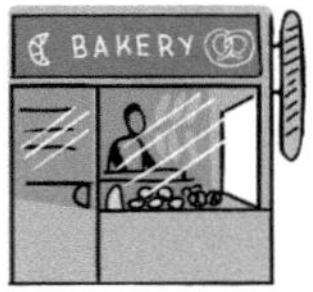

икмәк пешерү йорты

pekarnâ

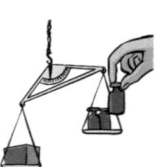

килү

vzvešyvat'

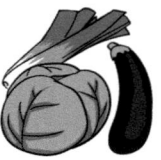

яшелчә

ovoŝi

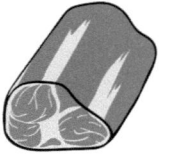

ит

mâso

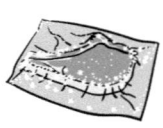

туңдырылган продуктлар

bystrozamorožennye produkty

кисәкле ит

narezka

консервалар

konservy

кер юу порошогы

stiral'nyj porošok

тәм-томнар

sladosti

көнкүреш җиһазлары

predmet domašnego
obihoda

юу әйбере

moûŝee sredstvo

хатын-кыз сатучы

prodavŝica

касса

kassa

кассир

kassir

сатып алган әйберләрнең
исемлеге

spisok pokupok

эш вакыты

vremâ raboty

бумажник

bumažnik

кредит картасы

kreditnaâ kartočka

букча

sumka

полиэтилен пакет

poliètilenovyj paket

су
voda

сок
sok

сөт
moloko

кока-кола
koka-kola

шәраб
vino

сыра
pivo

хәмер
alkogol'

какао
kakao

чәй
čaj

кофе
kofe

эспрессо
èspresso

капучино
kapučino

банан

banan

алма

âbloko

әфлисун

apel'sin

карбыз

arbuz

лимон

limon

кишер

morkov'

сарымсак

česnok

бамбук

bambuk

суган

luk

гөмбә

grib

чикләвекләр

orehi

токмач

lapša

спагетти

spagetti

дөге

ris

салат

salat

чипсы

kartofel' fri

кыздырылган бәрәңге

žarenyj kartofel'

пицца

picca

гамбургер

gamburger

сэндвич

sèndvič

котлет

šnicel'

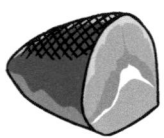

ветчина

vetčina

салями

salâmi

сосиска

kolbasa

тавык

kurica

кыздырма

žarkoe

балык

ryba

солы кисәкләре

ovsânye hlop'â

мюсли

mûsli

кукуруз кисәкләре

kukuruznye hlop'â

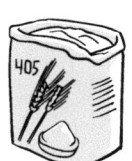

он

muka

круассан

kruassan

булка

buločka

икмәк

hleb

тост

tost

печенье

pečen'e

май

maslo

эремчек

tvorog

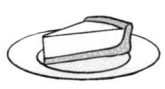

пирог

pirog

йомырка

âjco

йомырка тәбәсе

âičnica

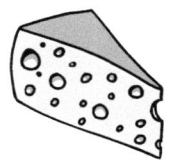

сыр

syr

туңдырма

moroženoe

шикәр

sahar

бал

mëd

кайнатма

marmelad

шоколадлы паста

krem s nugoj

карри

karri

ферма
ferma

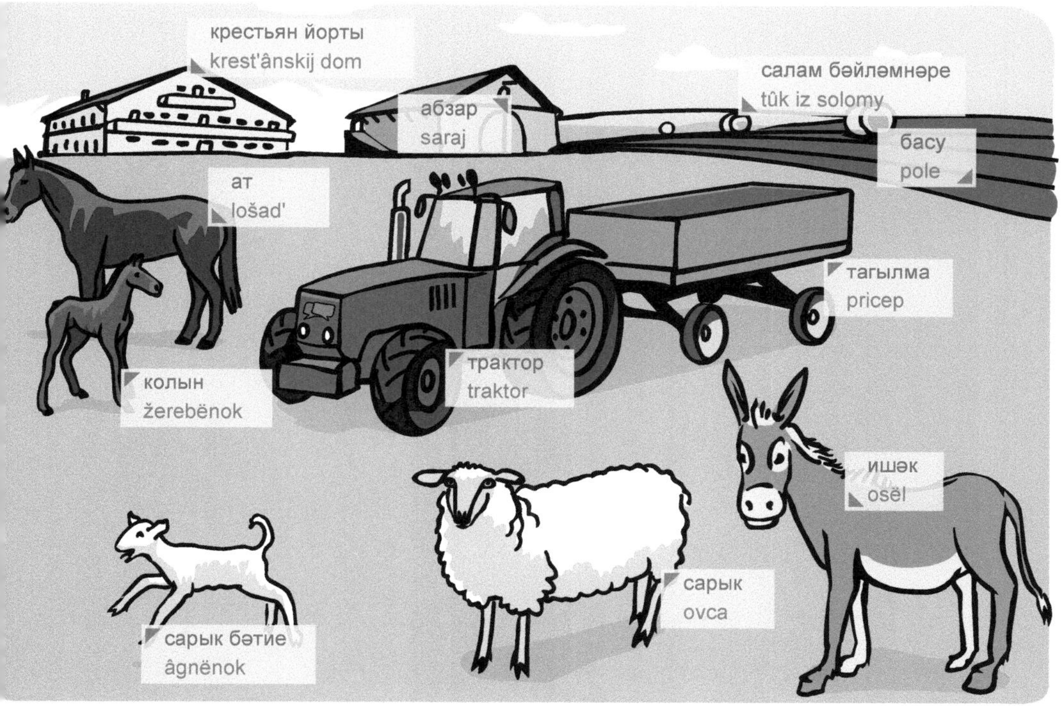
крестьян йорты
krest'ânskij dom
салам бәйләмнәре
tûk iz solomy
абзар
saraj
басу
pole
ат
lošad'
тагылма
pricep
трактор
traktor
колын
žerebënok
ишәк
osël
сарык
ovca
сарык бәтие
âgnënok

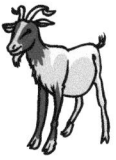

кәҗә
koza

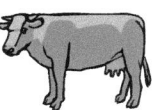

сыер
korova

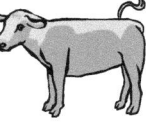

бозау
telënok

дуңгыз
svin'â

дуңгыз баласы
porosënok

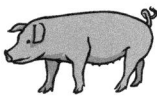

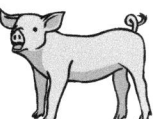

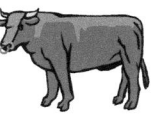

үгез
byk

каз

gus'

үрдәк

utka

чеби

cyplёnok

тавык

kurica

әтәч

petuh

күсе

krysa

песи

koška

тычкан

myš'

эш үгезе

vol

эт

sobaka

эт оясы

konura

бакча шлангысы

sadovyj šlang

сусипкеч

lejka

чалгы

kosa

сабан

plug

урак
serp

китмән
motyga

тирес сәнәге
navoznye vily

балта
topor

кул арбасы
tačka

тагарак
koryto

сөт өчен бидон
bidon dlâ moloka

капчык
mešok

койма
zabor

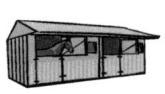

абзар
hlev

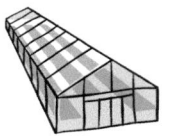

теплица
teplica

туфрак
počva

чәчү
posev

ашлама
udobrenie

комбайн
kombajn

ферма - ferma

29

уңыш җыю

sobirat' urožaj

уңыш

urožaj

ямса

âms

бодай

pšenica

соя

soâ

бәрәңге

kartofel'

кукуруз

kukuruza

рапс

raps

җимеш агачы

fruktovoe derevo

маниок

maniok

иген

zlaki

йорт
dom

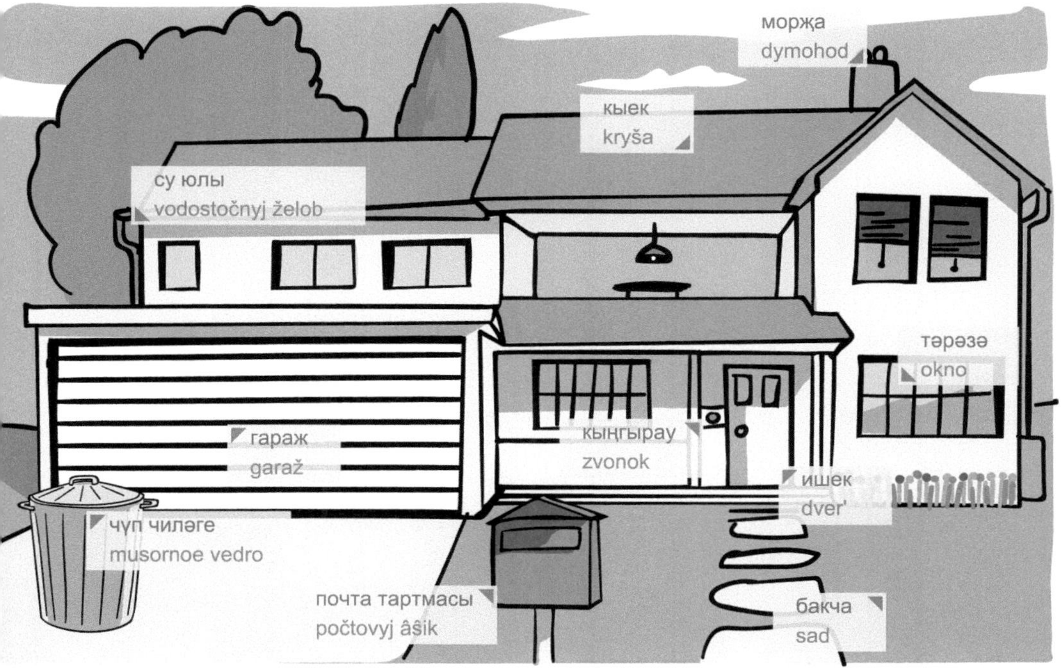

моржа
dymohod
кыек
kryša
су юлы
vodostočnyj želob
тәрәзә
okno
гараж
garaž
кыңгырау
zvonok
ишек
dver'
чүп чиләге
musornoe vedro
почта тартмасы
počtovyj âŝik
бакча
sad

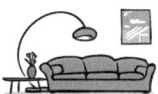

кунак бүлмәсе

gostinaâ

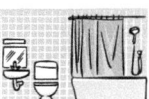

ванна бүлмәсе

vannaâ komnata

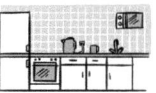

аш бүлмәсе

kuhnâ

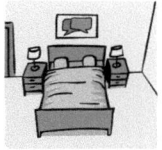

йокы бүлмәсе

spal'nâ

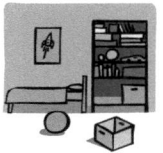

балалар бүлмәсе

detskaâ komnata

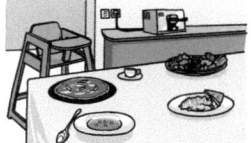

ашханә

stolovaâ

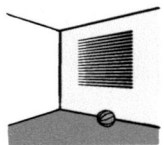

идән

pol

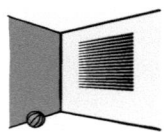

дивар

stena

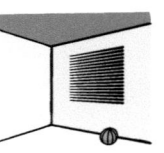

түшәм

potolok

баз

podval

сауна

sauna

балкон

balkon

терраса

terrasa

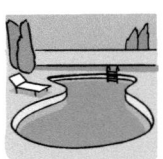

бассейн

bassejn

газон чапкыч

gazonokosilka

юрган аслыгы

pododeâl'nik

япма

pokryvalo

карават

krovať

себерке

metla

чиләк

vedro

сүндергеч

vyklûčateľ'

кунак бүлмәсе
gostinaâ

обойлар
oboi
рәсем
risunok
лампа
lampa
киштә
polka
шкаф
škaf
телевизор
televizor
камин
kamin
чәчәк
cvetok
мендәр
poduška
диван
divan
ваза
vaza
дистанцион идарә итү пульты
pul't distancyonnogo upravleniâ

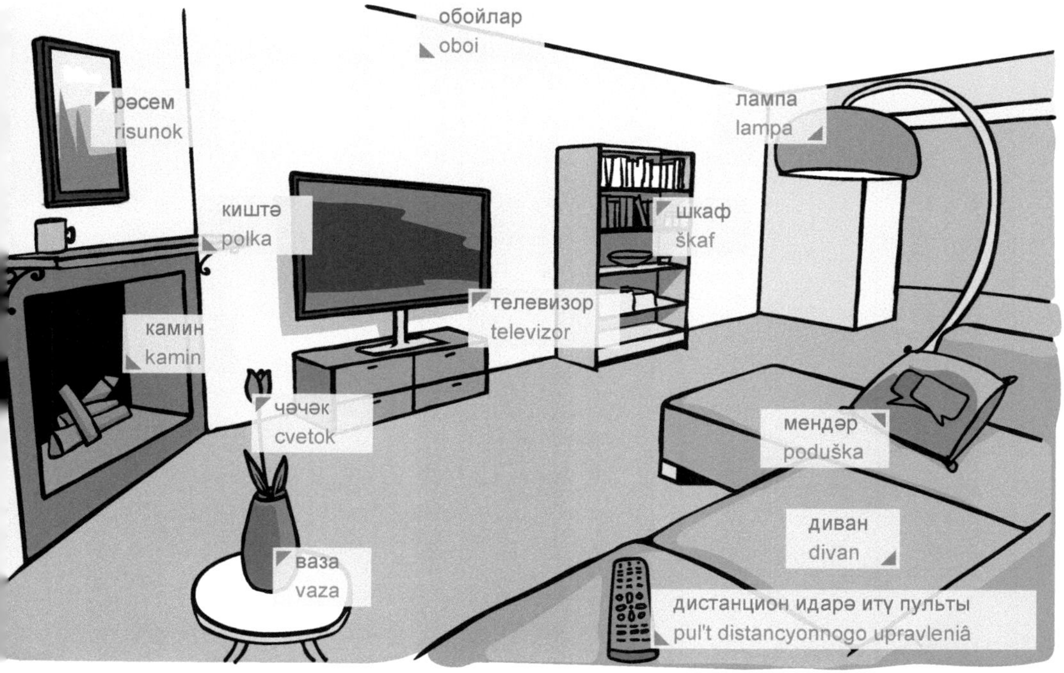

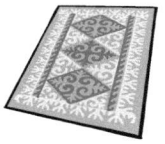

келәм

kovër

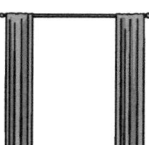

пәрдә

štora

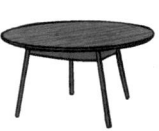

өстәл

stol

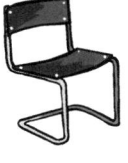

утыргыч

stul

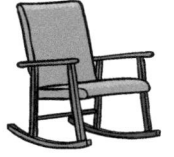

тибрәткеч кәнәфи

kreslo-kačalka

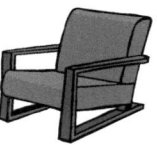

кәнәфи

kreslo

китап

kniga

япма

pokryvalo

бизәк

ukrašenie

утын

drova

фильм

fil'm

стереосистема

stereosistema

ачкыч

klûč

газета

gazeta

картина

kartina

плакат

plakat

радио

radio

блокнот

bloknot

тузан суыргыч

pylesos

кактус

kaktus

шәм

sveča

аш бүлмәсе
kuhnâ

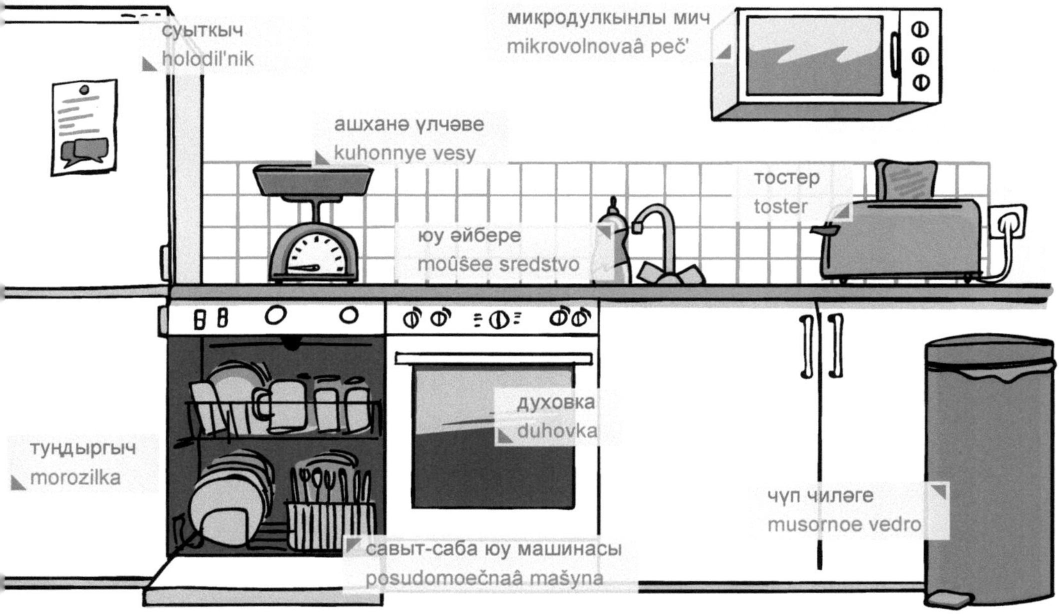
суыткыч
holodil'nik
микродулкынлы мич
mikrovolnovaâ peč'
ашханә үлчәве
kuhonnye vesy
тостер
toster
юу әйбере
moûŝee sredstvo
духовка
duhovka
туңдыргыч
morozilka
чүп чиләге
musornoe vedro
савыт-саба юу машинасы
posudomoečnaâ mašyna

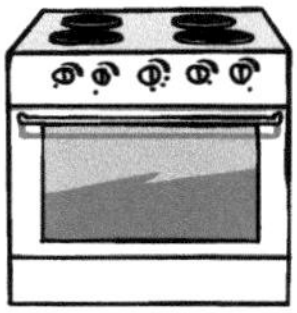

плитә

plita

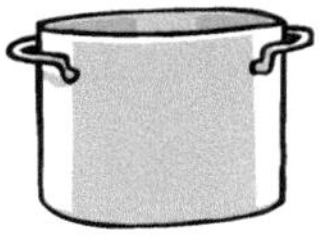

кәстрүл

kastrûlâ

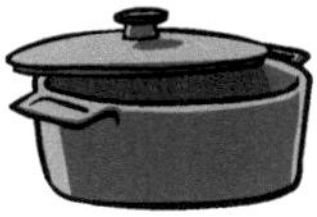

чуен казан

čugunnyj kotelok

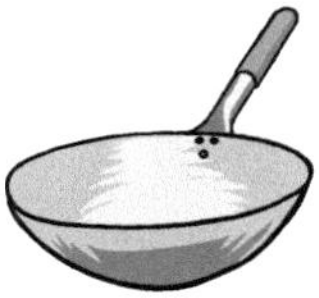

вок / казан

vok / kadaj

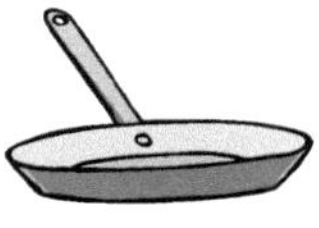

таба

skovoroda

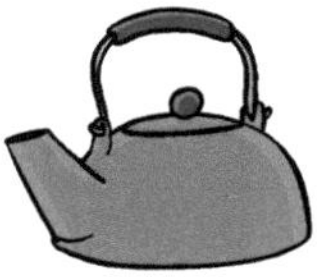

чәйнек

čajnik

парда пешергеч

parovarka

калай таба

protiven'

савыт-саба

posuda

кружка

kružka

җамаяк

miska

таякчык

paločki dlâ edy

аш чүмече

polovnik

лопатка

lopatka

туглауыч

sbivalka

иләк

sito

иләк

sito

кыргыч

tërka

төйгеч

stupka

гриль

gril'

учак

kostër

такта

doska

уклау

skalka

бөке суыргыч

štopor

калай банк

žestânaâ banka

консерв ачу өчен пычак

konservnyj nož

элэктергеч

prihvatka

раковина

rakovina

щётка

šetka

губка

gubka

миксер

mikser

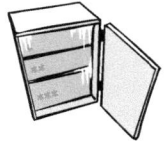

туңдыру камерасы

morozil'naâ kamera

ашату өчен шешә

butyločka dlâ kormleniâ

кран

kran

ванна бүлмәсе

vannaâ komnata

җылыту
otoplenie
сөлге
polotence
душ
duš
душ пәрдәсе
duševaâ zanaveska
күбекле ванна
penistaâ vanna
ванна
vanna
стакан
stakan
кер юу машинасы
stiral'naâ mašyna
кран
kran
плитка
plitka
чүлмәк
goršok
раковина
rakovina

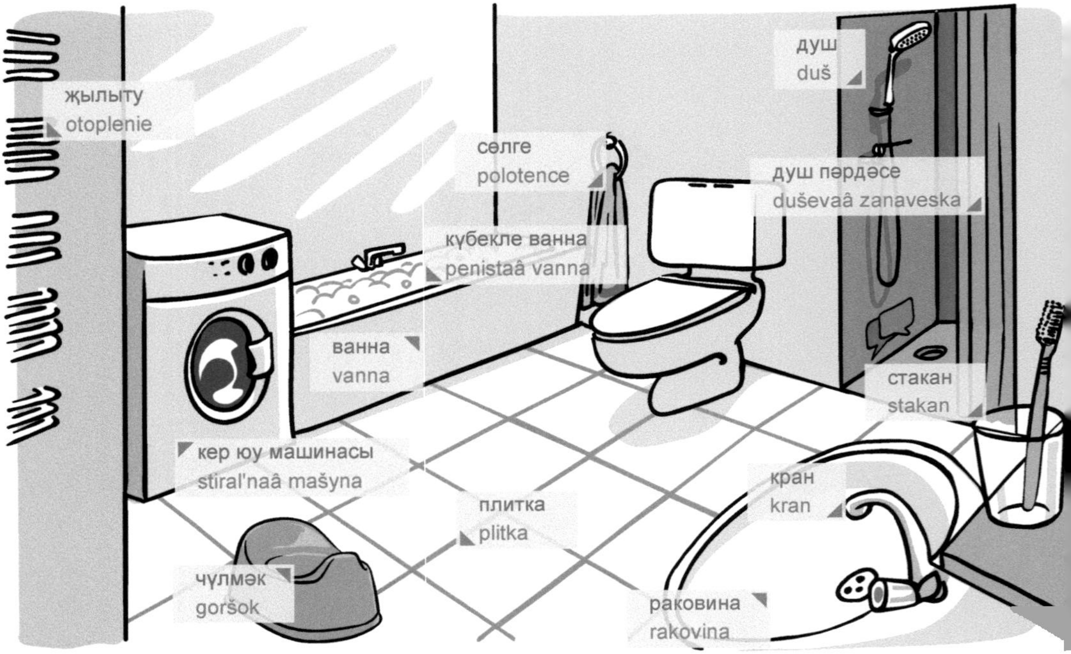

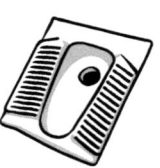

бәдрәф

tualet

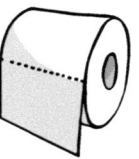

унитаз

napol'nyj unitaz

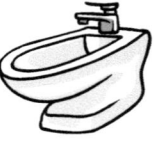

биде

bide

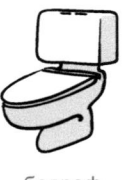

писсуар

pissuar

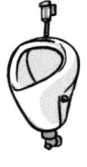

бәдрәф кәгазе

tualetnaâ bumaga

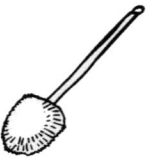

керпе кебек чистарткыч

eršyk

теш щеткасы

zubnaâ šetka

теш пастасы

zubnaâ pasta

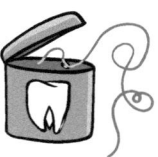

теш җебе

zubnaâ nit'

юу

myt'

кул душы

ručnoj duš

душ

intimnyj duš

оча сөяге

taz

аврка өчен щетка

šetka dlâ spiny

сабын

mylo

душ өчен гель

gel' dlâ duša

шампунь

šampun'

мунчала

močalka

агым

stok

крем

krem

дезодорант

dezodorant

көзге

zerkalo

кул көзгесе

ručnoe zerkalo

пәке

britva

кырыну өчен күбек

pena dlâ brit'â

Кырынаганнан соң
кулланыла торган лосьон

los'on posle brit'â

тарак

rasčeska

щётка

šetka

фен

fen

чәчләр лагы

lak dlâ volos

косметика

kosmetika

ирен буявы

gubnaâ pomada

тырнаклар лагы

lak dlâ nogtej

мамык

vata

маникюр кайчысы

manikûrnye nožnicy

хушбуй

duhi

косметика савыты

kosmetička

урындык

taburetka

үлчәү

vesy

халат

halat

резин перчаткалар

rezinovye perčatki

тампон

tampon

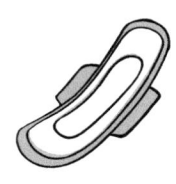

гигиена жәймәсе

gigieničeskaâ prokladka

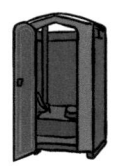

биотуалет

biotualet

балалар бүлмәсе
detskaâ komnata

будильник
budil'nik
йомшак уенчык
mâgkaâ igruška
уенчык автомобиль
igrušečnyj avtomobil'
шалтыравык
pogremuška
курчак йорты
kukol'nyj domik
бүләк
podarok

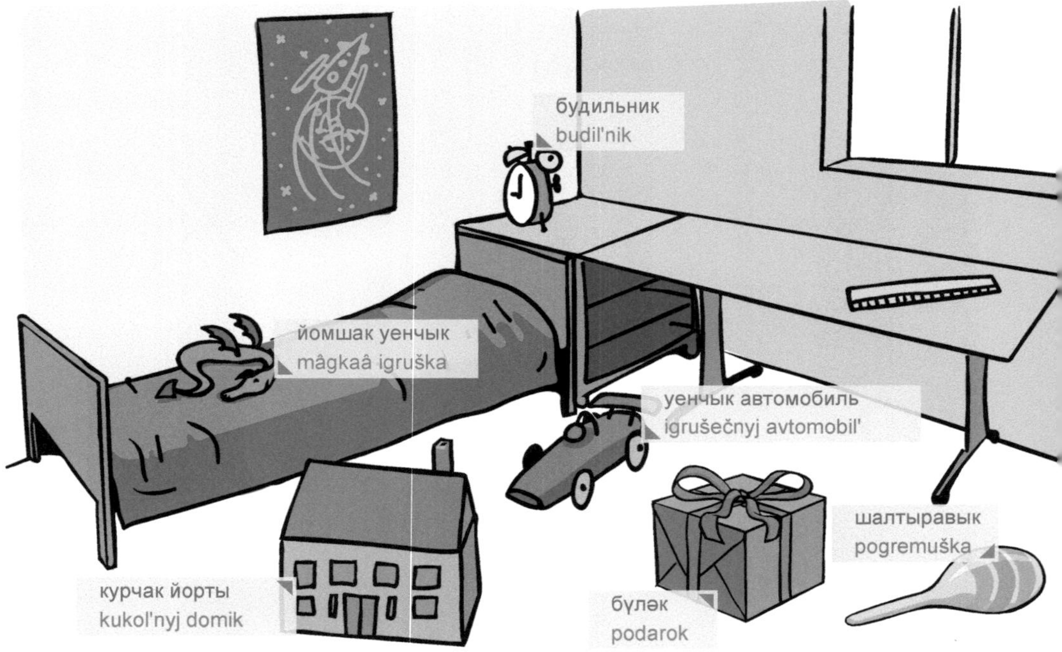

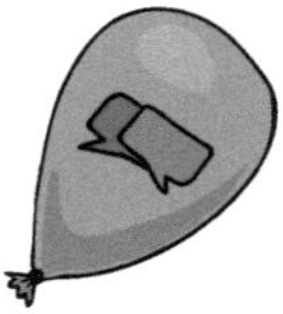

һава шары

vozdušnyj šar

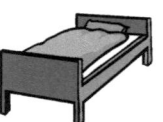

карават

krovat'

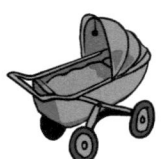

балалар коляскасы

detskaâ kolâska

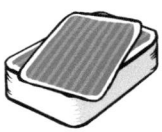

кәрт уены

kartočnaâ igra

пазл

pazl

SUPER MEGA

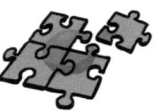

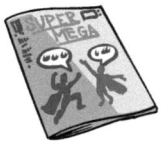

комикс

komiks

Лего кирпечекләре

kirpičiki Lego

шакмак

kubiki

уенчык

igrušečnaâ figurka

ползунки

polzunki

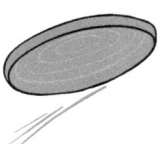

фрисби

frisbi

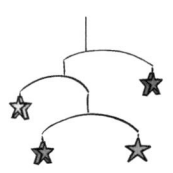

мобиль

mobile

өстәл уены

nastol'naâ igra

шакмак

kubik

тимер юл моделе

model' železnoj dorogi

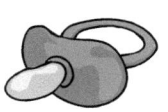

имезлек

soska

кичә

večerinka

рәсемнәр белән бизәлгән китап

kniga s kartinkami

туп

mâč

курчак

kukla

уйнау

igrat'

комлык
....
pesočnica

таган
....
kačeli

уенчык
....
igruška

уен приставкасы
....
igrovaâ pristavka

өч көпчәкле велосипед
....
trëhkolesnyj velosiped

плюш аю
....
plûševyj medvežonok

кием-салым шкафы
....
škaf dlâ odeždy

кием
odežda

оекбаш
....
noski

оек
....
čulki

колготки
....
kolgotki

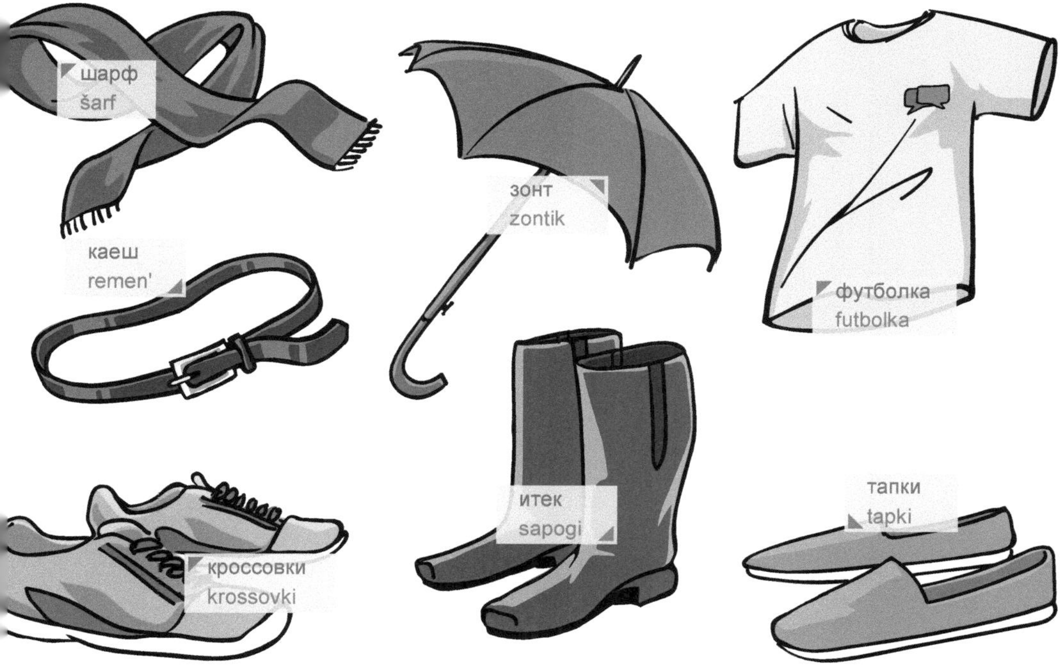

шарф
šarf

каеш
remen'

зонт
zontik

футболка
futbolka

итек
sapogi

тапки
tapki

кроссовки
krossovki

сандаллар
sandalii

ботинкалар
botinki

резин итекләр
rezinovye sapogi

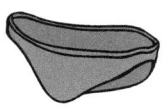

трусик
trusy

бюстгальтер
bûstgal'ter

майка
majka

боди

bodi

чалбар

brûki

джинсы

džynsy

итәк

ûbka

блузка

bluzka

күлмәк

rubaška

свитер

sviter

свитер

sviter

спорт курткасы

sportivnaâ kurtka

жакет

žaket

пәлтә

pal'to

плащ

plaš

костюм

kostûm

күлмәк

plat'e

туй күлмәге

svadebnoe plat'e

ирләр костюмы

mužskoj kostûm

төнге эчке күлмәк

nočnaâ soročka

пижама

pižama

сари

sari

яулык

platok

чалма

tûrban

пәрәнҗә

parandža

кафтан

kaftan

абайя

abajâ

коену костюмы

kupal'nik

плавки

plavki

шорт

šorty

спорт костюмы

sportivnyj kostûm

алъяпкыч

fartuk

перчаткалар

perčatki

төймә
pugovica

күзлек
očki

беләзек
braslet

чылбыр
cepočka

балдак
kol'co

алка
ser'ga

бүрек
šapka

элгеч
vešalka

эшләпә
šlâpa

галстук
galstuk

молния каптырмасы
zastežka molniâ

каска
šlem

подтяжка
podtâžki

мәктәп формасы
škol'naâ forma

форма
forma

балалар күкрәкчәсе

detskij nagrudnik

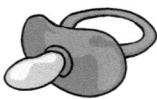

имезлек

soska

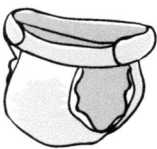

подгузник

podguznik

сервер
server

канцелярия шкафы
kancelârskij škaf

принтер
printer

монитор
monitor

кәгазь
bumaga

мышка
myš'

язу өстәле
pis'mennyj stol

папка
papka

клавиатура
klaviatura

кәгазь өчен кәрҗин
korzina dlâ bumag

утыргыч
stul

компьютер
komp'ûter

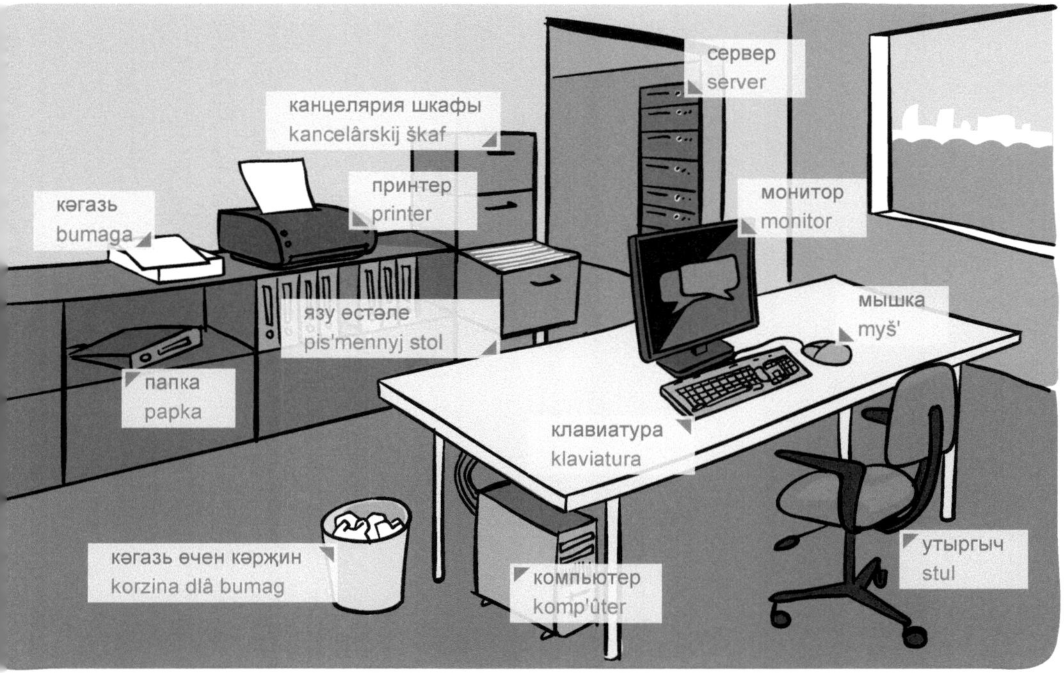

кофе кружкасы

kofejnaâ kružka

калькулятор

kal'kulâtor

интернет

internet

ноутбук

noutbuk

хат

pis'mo

хәбәр

soobŝenie

кесә телефоны

mobil'nyj telefon

челтәр

set'

ксерокс

kseroks

программа

programma

телефон

telefon

розетка

rozetka

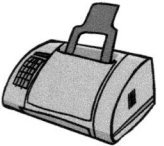

факс

faks

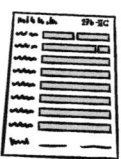

формуляр

formulâr

документ

dokument

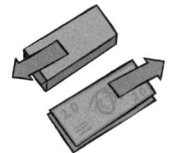

сатып алу

pokupat'

түләү

platit'

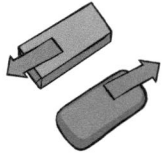

сәүдә

torgovat'

акча

den'gi

доллар

dollar

евро

evro

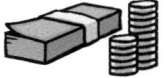

иена

iena

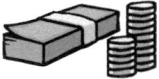

сум

rubl'

франк

frank

жэньминьби юань

żèn'min'bi ūan'

рупия

rupiâ

банкомат

bankomat

валюта алмаштыру пункты
punkt obmena valûty

алтын
zoloto

көмеш
serebro

җир мае
neft'

энергия
ènergiâ

бәя
cena

килешу
dogovor

салым
nalog

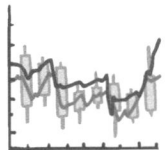

акция
akcyâ

эш
rabotat'

эшче
služašij

эш бирүче
rabotodatel'

фабрика
fabrika

кибет
magazin

полицейский
milicyoner

янгын сүндерүче
požarnyj

пешекче
povar

табиб
vrač

очучы
pilot

бакчачы
sadovnik

агач остасы
stolâr

тегүче
šveâ

хаким
sud'â

химик
himik

актер
aktër

автобус йөртүче

voditel' avtobusa

таксист

taksist

балыкчы

rybak

җыештыручы хатын

uboršica

түбә ябучы

krovel'ŝik

официант

oficyant

аучы

ohotnik

рәссам

hudožnik

пешекче

pekar'

электрик

èlektrik

төзүче

stroitel'

инженер

inžener

итче

mâsnik

сантехник

santehnik

хат ташучы

počtal'on

солдат

soldat

архитектор

arhitektor

кассир

kassir

чәчәкче

florist

парикмахер

parikmaher

кондуктор

konduktor

механик

mehanik

капитан

kapitan

теш табибы

zubnoj vrač

галим

učenyj

раввин

ravvin

имам

imam

монах

monah

рухани

svâŝennik

кораллар
instrumenty

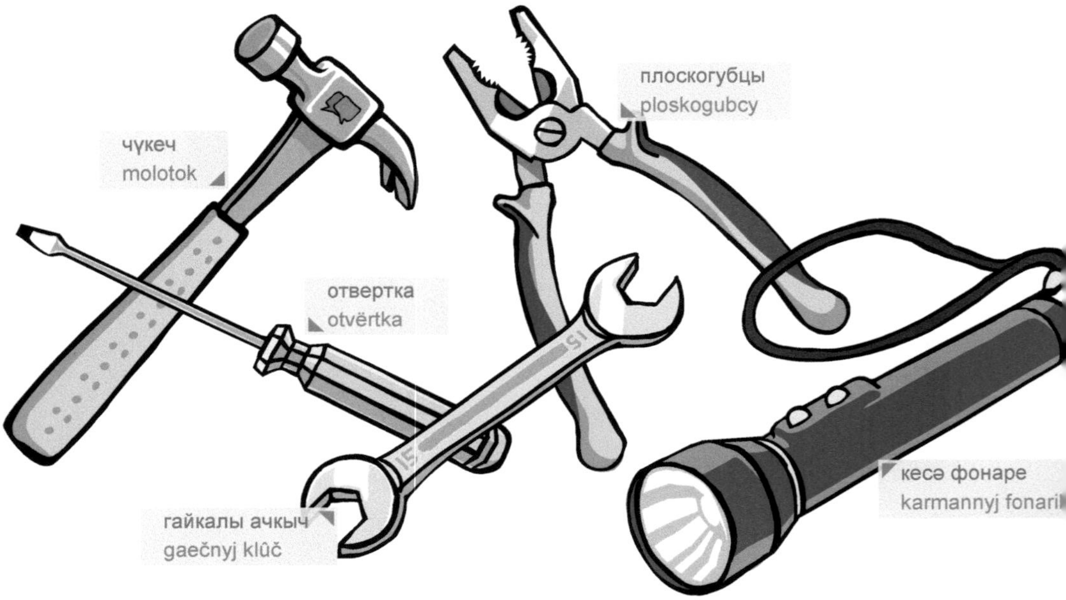

чүкеч
molotok
плоскогубцы
ploskogubcy
отвертка
otvërtka
гайкалы ачкыч
gaečnyj klûč
кесә фонаре
karmannyj fonarik

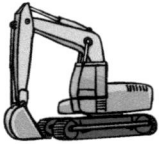

экскаватор

èkskavator

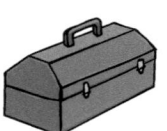

инструментлар өчен тартма

âŝik dlâ instrumentov

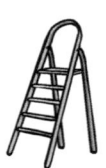

баскыч

stremânka

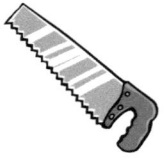

пычкы

pila

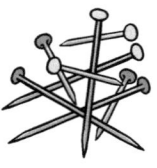

кадаклар

gvozdi

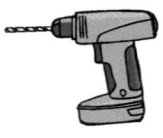

дрель

drel'

төзәтү

remontirovat'

соскы

sovok

körәk

lopata

савытлы буяу

vedro s kraskoj

Шайтан алгыры!

Blin!

винтлар

vinty

музыкаль инструментлар
muzykal'nye instrumenty

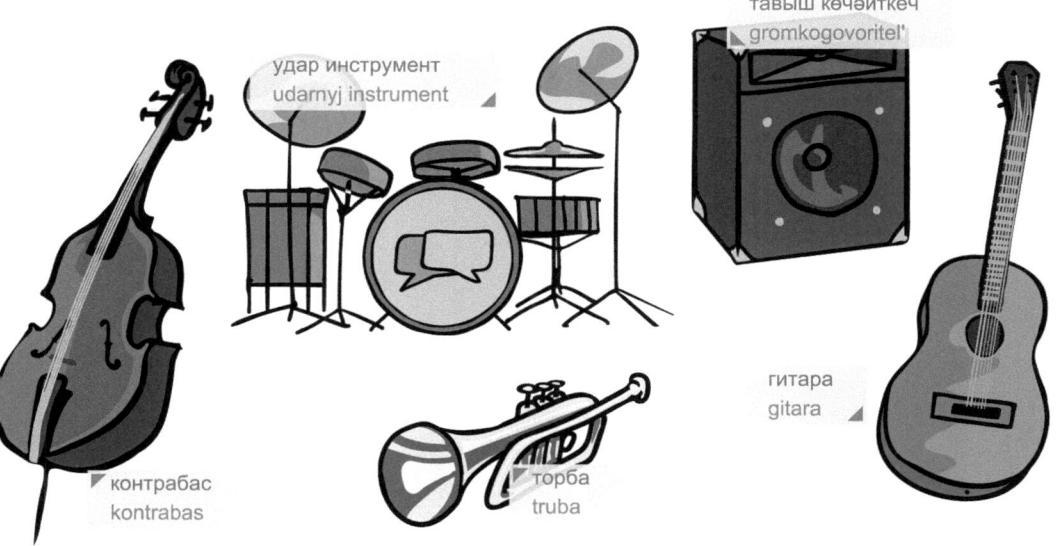

удар инструмент
udarnyj instrument

тавыш көчәйткеч
gromkogovoritel'

гитара
gitara

контрабас
kontrabas

торба
truba

пианино

pianino

скрипка

skripka

бас-гитара

bas-gitara

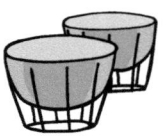

литавра

litavry

барабан

baraban

синтезатор

sintezator

саксофон

saksofon

флейта

flejta

микрофон

mikrofon

зоопарк
zoopark

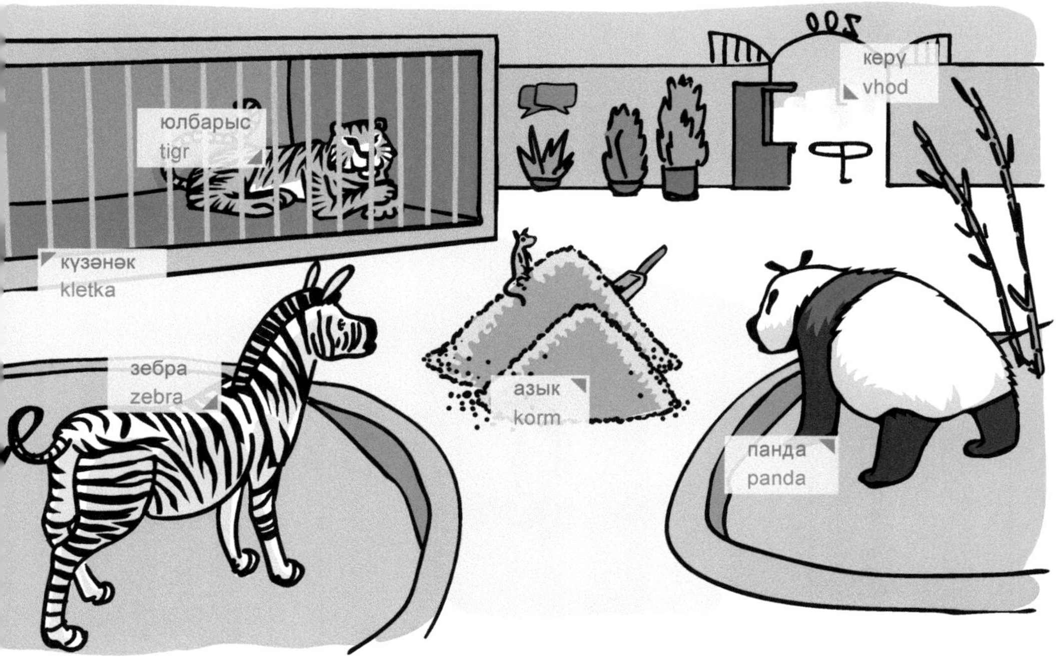
керү
vhod
юлбарыс
tigr
күзәнәк
kletka
зебра
zebra
азык
korm
панда
panda

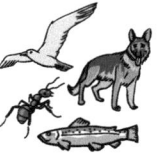

хайваннар

žyvotnye

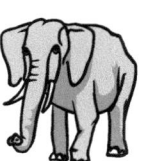

фил

slon

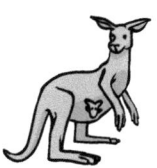

көнгерә

kenguru

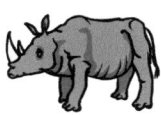

мөгезборын

nosorog

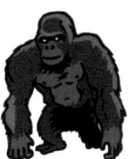

горилла

gorilla

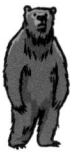

аю

medved'

дөя

verblûd

тәвә кошы

straus

арыслан

lev

маймыл

obez'âna

фламинго

flamingo

тутый кош

popugaj

ак аю

belyj medved'

пингвин

pingvin

акула

akula

тавис

pavlin

елан

zmeâ

крокодил

krokodil

зоопарк хезмәткәре

služytel' zooparka

тюлень

tûlen'

ягуар

âguar

пони

poni

каплан

leopard

су үгезе

begemot

жираф

żyraf

бөркет

orël

кабан дуңгызы

kaban

балык

ryba

ташбака

čerepaha

морж

morż

төлке

lisa

газәл

gazel'

америка футболы
amerikanskij futbol

велосипедта йөрү
ezda na velosipede

теннис
tennis

баскетбол
basketbol

йөзү
plavanie

бокс
boks

хоккей
hokkej

футбол
futbol

бадминтон
badminton

җиңел атлетика
lёgkaâ atletika

гандбол
gandbol

чаңгы спорты
lyžnyj sport

поло
polo

көлү
smeât'sâ

сикерү
prygat'

кочаклау
obnimat'

бару
idti

җырлау
pet'

хыяллану
mečtat'

гыйбадәт кылу
molit'sâ

үбү
celovat'

язу
pisat'

рәсем ясау
risovat'

күрсәтү
pokazyvat'

басу
nažymat'

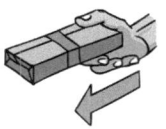

бирү
davat'

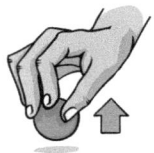

алу
brat'

үзеңдә булдыру

imet'

эшләү

delat'

булу

byt'

басып тору

stoât'

йөгерү

bežat'

тарту

tânut'

ташлау

brosat'

егылу

padat'

яту

ležat'

көтү

ždat'

йөртү

nosit'

утыру

sidet'

кию

nadevat'

йоклау

spat'

уяну

prosypat'sâ

карау

rassmatrivat'

елау

plakat'

үтекләү

gladit'

тарау

pričesyvat'

әйтү

govorit'

аңлау

ponimat'

сорау

sprašyvat'

тыңлау

slušat'

эчү

pit'

ашау

kušat'

тәртипкә китерү

navodit' porâdok

сөю

lûbit'

әзерләү

gotovit'

машинада бару

ehat'

очу

letat'

Җилкәндә йөрү

hodit' pod parusom

исәпләү

sčitat'

уку

čitat'

уку

učit'sâ

эш

rabotat'

никахлашу

vstupat' v brak

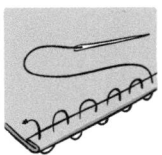

тегү

šyt'

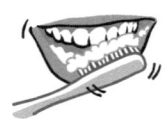

тешләрне чистарту

čistit' zuby

үтерү

ubivat'

тәмәке тарту

kurit'

җибәрү

otpravlât'

хәрәкәт - dejstviâ

гаилә

sem'â

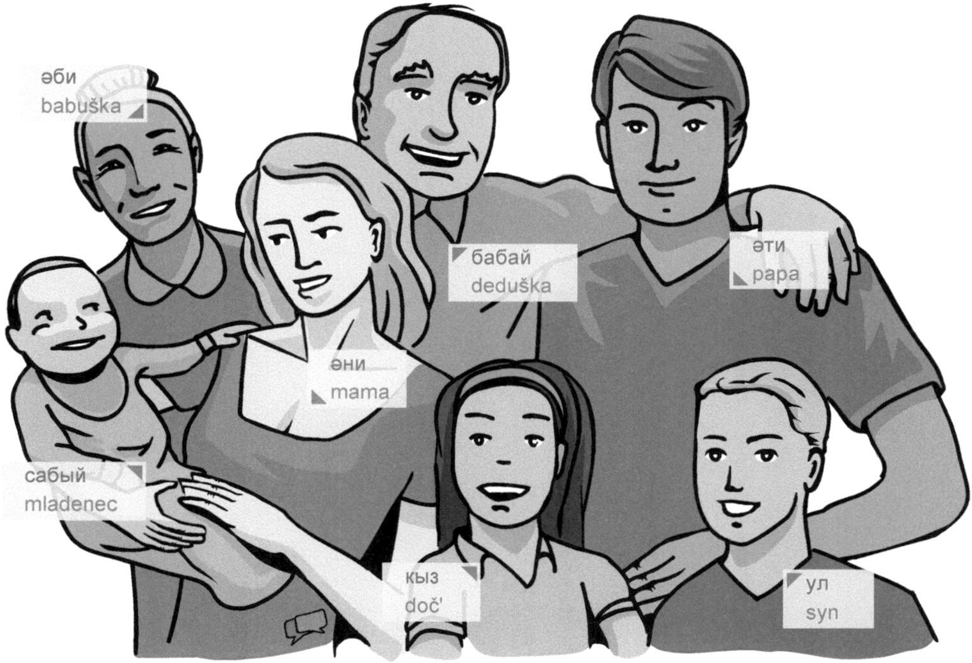

әби
babuška
бабай
deduška
әти
papa
әни
mama
сабый
mladenec
кыз
doč'
ул
syn

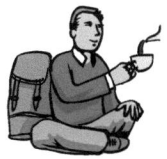

кунак

gost'

түти

tetâ

абый

dâdâ

кардәш

brat

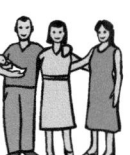

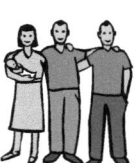

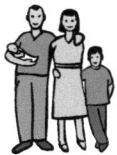

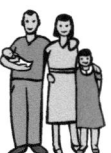

апа

sestra

тән

telo

маңгай
lob
күз
glaz
бит
lico
ияк
podborodok
бармак
palec
кул чугы
kist'
кулбаш
plečo
күкрәк
grud'
кул
ruka
аяк
noga

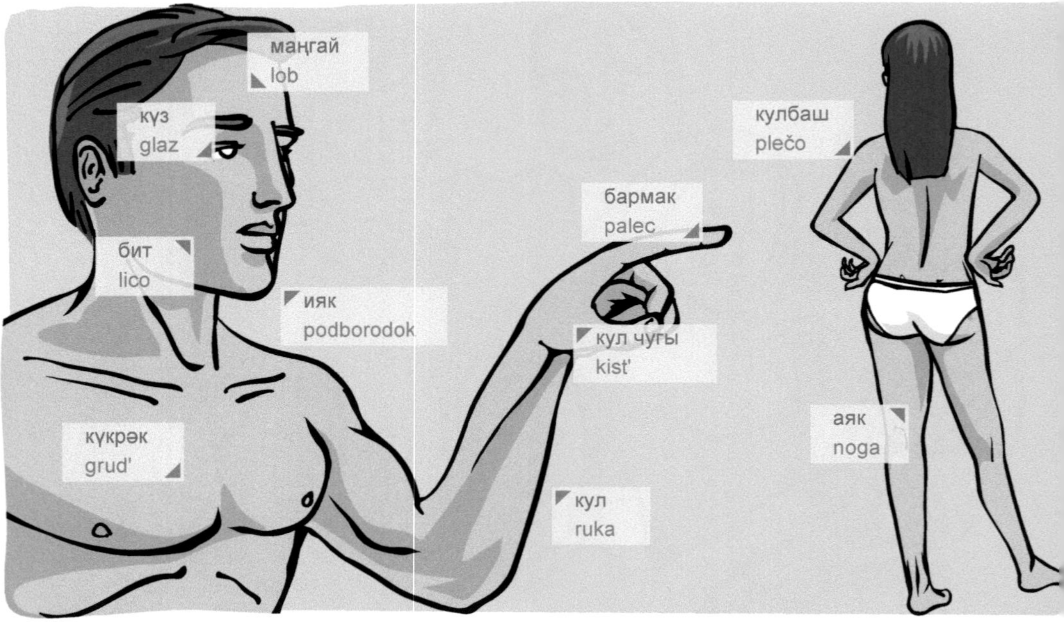

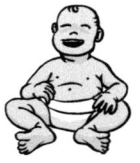

сабый

mladenec

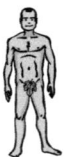

ир

mužčina

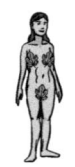

хатын

ženŝina

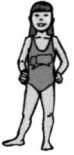

кыз

devočka

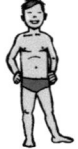

малай

mal'čik

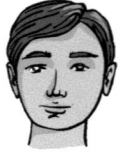

баш

golova

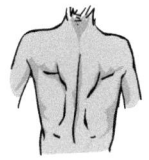

арка

spina

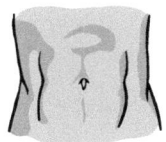

эч

žyvot

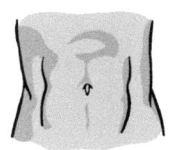

кендек

pupok

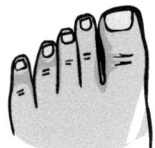

аяк бармагы

palec nogi

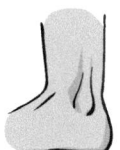

үкчә

pâtka

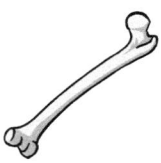

сөяк

kost'

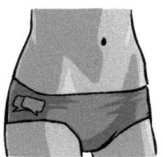

бот

bedro

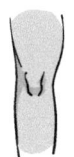

тез

koleno

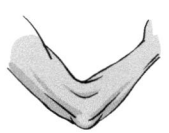

терсәк

lokot'

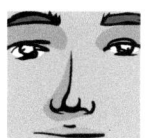

борын

nos

арт сан

âgodicy

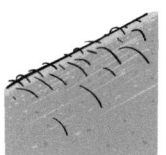

тире

koža

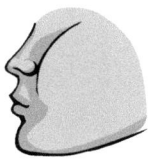

яңак

šeka

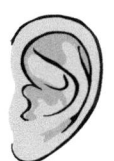

колак

uho

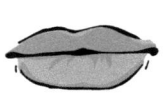

ирен

guba

авыз
rot

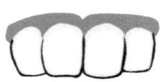

теш
zub

тел
âzyk

ми
mozg

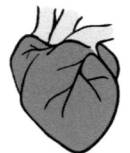

йөрәк
serdce

мускул
myšca

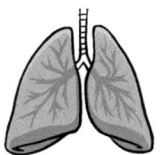

үпкәләр
lëgkoe

бавыр
pečen'

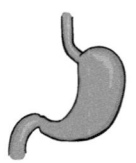

ашказан
želudok

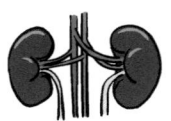

бөерләр
počki

җенси акт
polovoj akt

презерватив
prezervativ

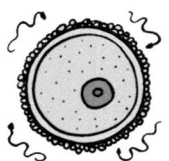

күкәйлек
âjcekletka

сперма
sperma

көмәнлек
beremennosť

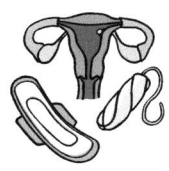

күрем
menstruacyâ

вагина
vagina

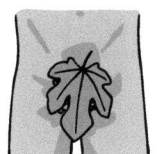

пенис
penis

каш
brov'

чәчләр
volosy

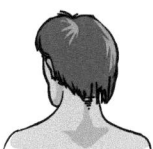

муен
šeâ

хастаханә

bol'nica

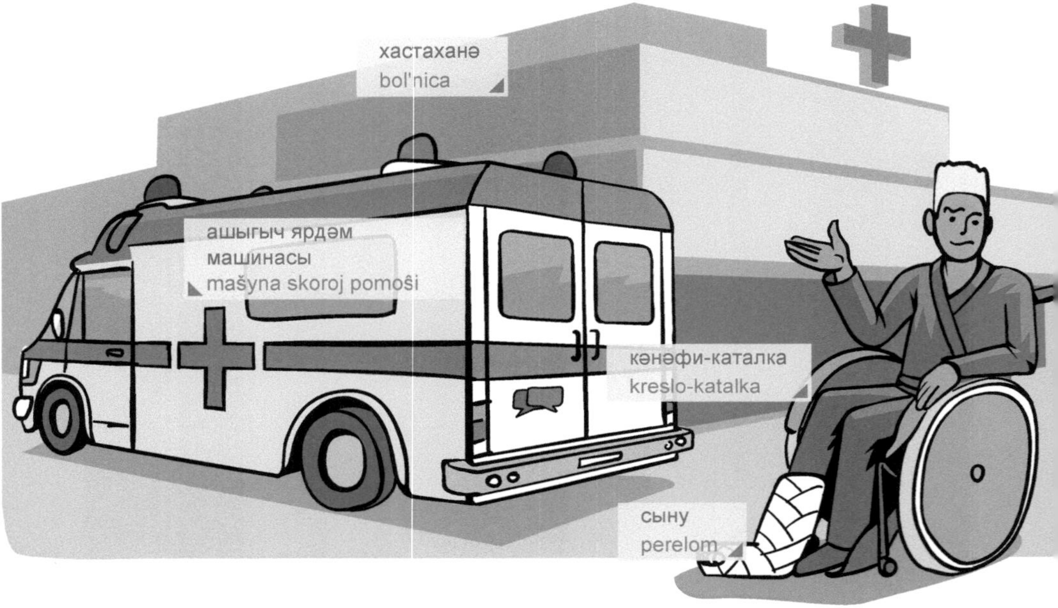

хастаханә
bol'nica
ашыгыч ярдәм машинасы
mašyna skoroj pomoŝi
кәнәфи-каталка
kreslo-katalka
сыну
perelom

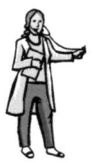

табиб

vrač

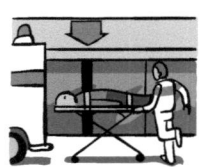

беренче ярдәм пункты

punkt pervoj pomoŝi

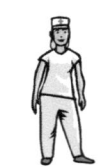

шәфкать туташы

medsestra

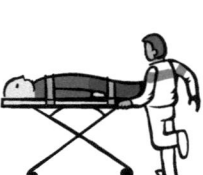

кичектергесез хәл

neotložnyj slučaj

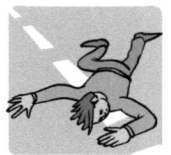

аңсыз

bez soznaniâ

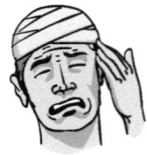

авырту

bol'

зыян килү

povreždenie

кан агу

krovotečenie

инфаркт

infarkt

инсульт

insul't

аллергия

allergiâ

ютәл

kašel'

югары температура

povyšennaâ temperatura

грипп

gripp

эч киту

ponos

баш авырту

golovnaâ bol'

кысла

rak

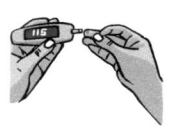

диабет

diabet

хирург

hirurg

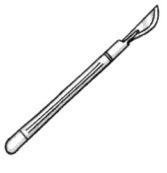

скальпель

skal'pel'

операция

operacyâ

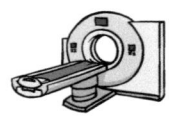

КТ

KT

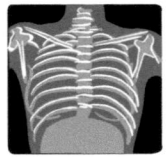

рентген

rentgen

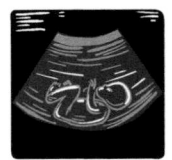

ультратавыш

ul'trazvuk

битлек

maska

авыру

bolezn'

кабул итү бүлмәсе

priëmnaâ

култык таягы

kostyl'

пластырь

plastyr'

бинт

bint

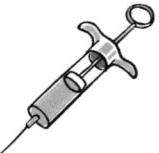

укол кадау

ukol

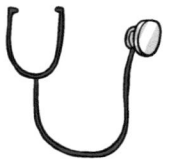

стетоскоп

stetoskop

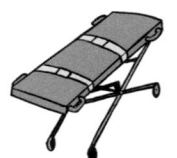

носилки

nosilki

термометр

termometr

туу

roždenie

артык авырлык

izbytočnyj ves

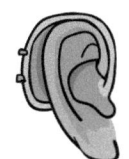

колак аппараты

sluhovoj apparat

йогышсызландыру чарасы

dezinfekcyonnoe sredstvo

инфекция

infekcyâ

вирус

virus

ВИЧ / СПИД

VIČ / SPID

дару

lekarstvo

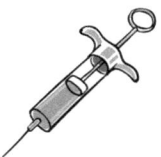

прививка

privivka

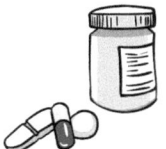

таблеткалар

tabletki

балага узмас өчен таблетка

protivozačatočnaâ tabletka

ашыгыч чакыру

èkstrennyj vyzov

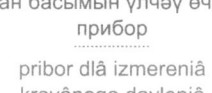

кан басымын үлчәү өчен прибор

pribor dlâ izmereniâ krovânogo davleniâ

авыру / сәламәт

bol'noj / zdorovyj

Ярдәм итегез!

Pomogite!

тревога сигналы

signal trevogi

һөҗүм итү

napadenie

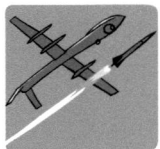

һөҗүм

ataka

куркыныч

opasnost'

запас чыгу урыны

zapasnoj vyhod

Янгын!

Požar!

ут сүндергеч

ognetušytel'

каза

nesčastnyj slučaj

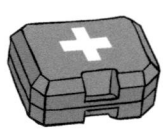

даруханә

aptečka

SOS

SOS

полиция

milicyâ

Европа

Evropa

Төньяк Америка

Severnaâ Amerika

Көньяк Америка

Ûžnaâ Amerika

Африка

Afrika

Азия

Aziâ

Австралия

Avstraliâ

Атлантик океан

Atlantičeskij okean

Тын океан

Tihij okean

Һинд океаны

Indijskij okean

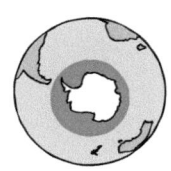

Антарктик океан

Antarktičeskij okean

Төньяк Боз океаны

Severnyj Ledovityj okean

Төньяк полюс

Severnyj polûs

Көньяк полюс

Ûžnyj polûs

Антарктика

Antarktika

җир

zemlâ

коры җир

suša

диңгез

more

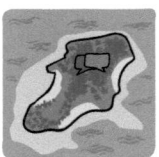

утрау

ostrov

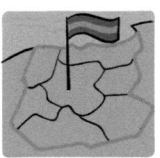

милләт

nacyâ

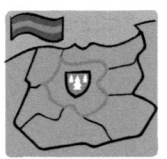

дәүләт

gosudarstvo

җир - zemlâ

сәгать циферблаты

cyferblat

сәгать угы

časovaâ strelka

минут угы

minutnaâ strelka

секунд угы

sekundnaâ strelka

Әле сәгать ничә?

Kotoryj čas?

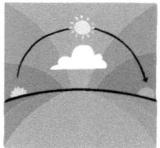

көн

den'

вакыт

vremâ

хәзер

sejčas

электрон сәгать

èlektronnye časy

минут

minuta

сәгать

čas

дүшәмбе
ponedel'nik

чәршәмбе
sreda

җомга
pâtnica

шимбә
subbota

сишәмбе
vtornik

пәнҗешәмбе
četverg

якшәмбе
voskresen'e

кичә
včera

бүген
segodnâ

иртәгә
zavtra

иртә
utro

төш
polden'

кич
večer

эш көннәре
rabočie dni

ял көннәре
vyhodnye

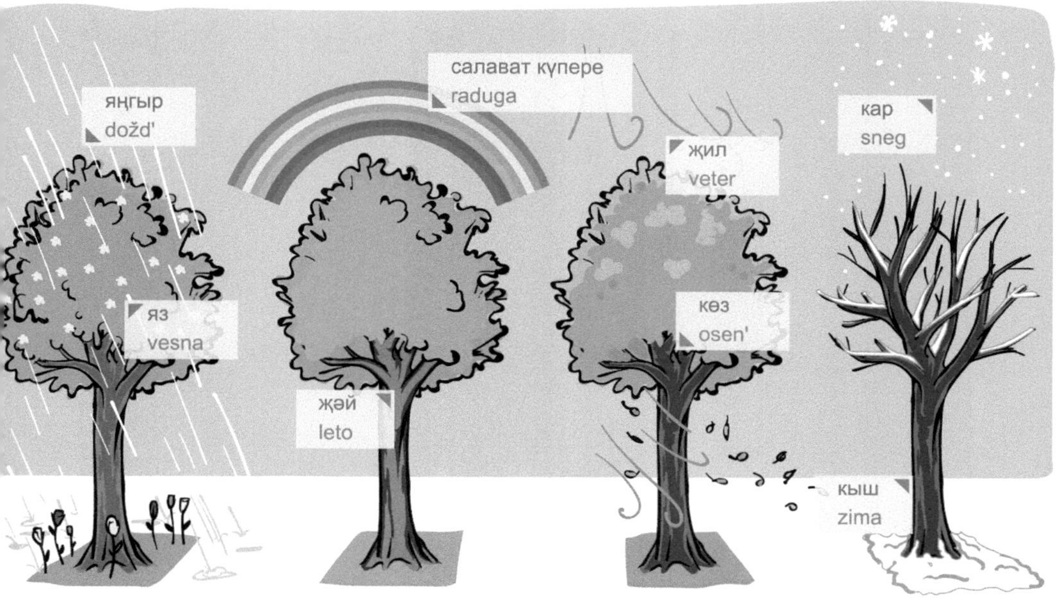

яңгыр
dožd'

салават күпере
raduga

жил
veter

кар
sneg

яз
vesna

көз
osen'

жәй
leto

кыш
zima

4.APRIL	11°	
5.APRIL	4°	
6.APRIL	13°	
7.APRIL	8°	
8.APRIL	10°	

һава торышы

prognoz pogody

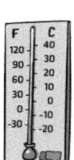

термометр

termometr

кояш яктысы

solnečnyj svet

болыт

tuča

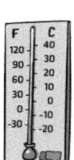

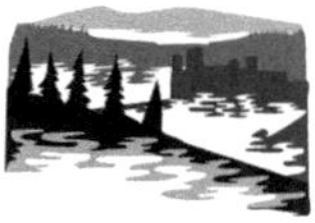

томан

tuman

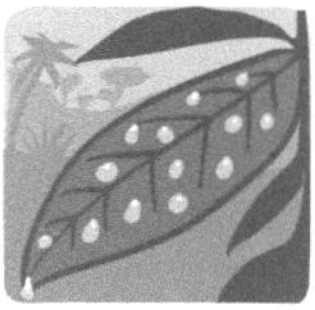

дымлылык

vlažnost' vozduha

яшен

molniâ

күк күкрәү

grom

давыл

burâ

боз

grad

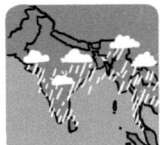

муссон

musson

су басу

navodnenie

боз

lëd

гыйнвар

ânvar'

февраль

fevral'

март

mart

апрель

aprel'

май

maj

июнь

iûn'

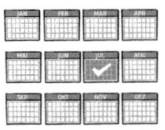

июль

iûl'

август

avgust

сентябрь

sentâbr'

октябрь

oktâbr'

ноябрь

noâbr'

декабрь

dekabr'

формалар
formy

божра

krug

квадрат

kvadrat

турыпочмак

prâmougol'nik

өчпочмак

treugol'nik

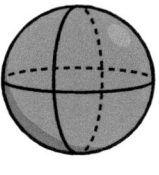

шар

šar

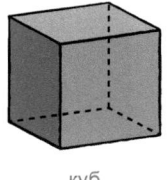

куб

kub

ак

belyj

сары

želtyj

кызгылт сары

oranževyj

ал

rozovyj

кызыл

krasnyj

шəмəхə

lilovyj

зəңгəр

sinij

яшел

zelënyj

көрəн

koričnevyj

соры

seryj

кара

černyj

күп / аз

mnogo / malo

усал / тыныч

ârostnyj / mirnyj

матур / ямьсез

krasivyj / urodlivyj

башы / ахыры

načalo / konec

зур / кечкенә

bol'šoj / malen'kij

якты / караңгы

svetlyj / temnyj

абый / эне

brat / sestra

чиста / пычрак

čistyj / grâznyj

тулы / тулы түгел

polnyj / nepolnyj

көн / төн

den' / noč'

үле / тере

mërtvyj / žyvoj

киң / тар

šyrokij / uzkij

ашарга яраклы / ашарга
яраксыз

s"edobnyj / nes"edobnyj

явыз / яхшы

zloj / druželûbnyj

дулкынланган / сагынган

vzvolnovannyj / skučaûŝij

юан / ябык

tolstyj / hudoj

башта / азакта

snačala / v konce

дус / дошман

drug / vrag

тулы / буш

polnyj / pustoj

каты / йомшак

tvёrdyj / mâgkij

авыр / җиңел

tâžёlyj / legkij

ачлык / сусау

golod / žažda

авыру / сәламәт

bol'noj / zdorovyj

хокуксыз / хокуклы

nezakonnyj / zakonnyj

акыллы / акылсыз

umnyj / glupyj

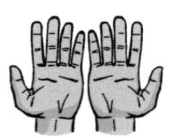

сулдан / уңнан

sleva / sprava

якын / ерак

blizko / daleko

яңа / тотылган

novyj / poderžannyj

бер нәрсә дә / нәрсәдер

ničto / nečto

өлкән / яшь

staryj / molodoj

тоташтырылган / сүндерелгән

vklûčeno / vyklûčeno

ачык / ябык

otkryto / zakryto

әкрен / кычкырып

tiho / gromko

бай / ярлы

bogatyj / bednyj

дөрес / дөрес түгел

pravil'nyj / nepravil'nyj

кытыршы / шома

šerohovatyj / gladkij

моңсу / бәхетле

pečal'nyj / sčastlivyj

кыска / озын

korotkij / dlinnyj

җай / тиз

medlennyj / bystryj

дымлы / коры

mokryj / suhoj

җылы / салкын

tëplyj / prohladnyj

сугыш / тынычлык

vojna / mir

0	**1**	**2**
ноль	бер	ике
nol'	odin	dva

3	**4**	**5**
өч	дүрт	биш
tri	četyre	pât'

6	**7**	**8**
алты	җиде	сигез
šest'	sem'	vosem'

9	**10**	**11**
тугыз	ун	унбер
devât'	desât'	odinnadcat'

12

унике

dvenadcat'

13

унөч

trinadcat'

14

ундүрт

četyrnadcat'

15

унбиш

pâtnadcat'

16

уналты

šestnadcat'

17

унҗиде

semnadcat'

18

унсигез

vosemnadcat'

19

унтугыз

devâtnadcat'

20

егерме

dvadcat'

100

йөз

sto

1.000

мең

tysâča

1.000.000

миллион

million

инглизчə

anglijskij

американча инглиз

amerikanskij anglijskij

мандаринча Кытай

mandarinskij kitajskij

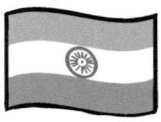

һинди

hindi

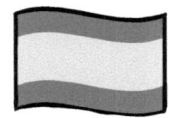

испан

ispanskij

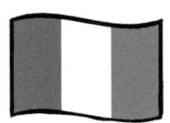

француз

francuzskij

гарəп

arabskij

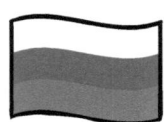

рус

russkij

португал

portugal'skij

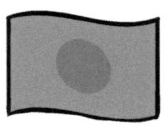

бенгал

bengal'skij

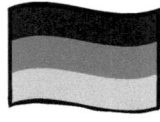

алман

nemeckij

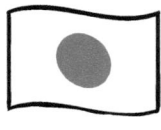

япон

âponskij

мин

â

син

ty

ул / ул / ул

on / ona / ono

без

my

сез

vy

алар

oni

кем?

kto?

нәрсә?

čto?

ничек?

kak?

кайда?

gde?

кайчан?

kogda?

исем

imâ

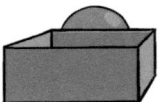

артта

za

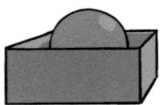

эчендә

v

алда

pered

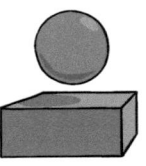

өстендә

nad

өстенә

na

астында

pod

янәшә

râdom

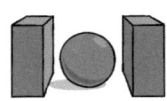

арасында

meždu

урын

mesto